जज़्बात

About the Author

Aastha Arora was born in Sriganganagar in the state of Rajasthan. She has received numerous certificates during school and while in college too. She was honoured with a state level certificate for girl Guide. Received the best employee, award while working.

She completed her Masters in computer in 2009 from Khalsa College. She shifted to Jaipur after the birth of her child.

जज़्बात

आस्था अरोरा

ZORBA BOOKS

ZORBA BOOKS

Published in India by Zorba Books, 2017

Website: www.zorbabooks.com
Email: info@zorbabooks.com

Copyright © आस्था अरोरा

ISBN Print Book - 978-93-86407-82-5

Zorba Books Pvt. Ltd.(opc)
Gurgaon, INDIA

Printed at Repro Knowledgecast Limited, Thane

Acknowledgement

When a person goes through a tough phase he or she want to remain the same with different emotions. I want to say thanx to almighty God to give me Opportunity. I would like to thank my parents, husband and son, who are all inspiration for me. I am grateful to my publisher who believes in me and my work

अनुक्रम

आस्था

बारिश की बूंदो सा रिश्ता है ये तेरा मेरा
जितना हाथो में रखना चाहू, ये उतना ही गायब हो जाए।
छूना चाहु जो तेरी पलकों को, आँखे उतनी ही दूर नज़र आये।
साथ होते हुए भी एक तन्हाई सी है।
ना मै कुछ कह पाऊ, ना तू कुछ समझ पाए।
कितनी बाते है जो करनी है तुझसे, बस मन की मन में रह जाती है।
काश , तू कभी तो मुझे सुंन पाए।
एक दर्द सा है इस कशमकश में, कि जितना सहू।
ये उतना ही बढ़ता जाए।

ना मन हो फिर भी मुस्कुराना पड़ता है.

कई दफा तो सिर्फ आईने को खुश रखना पड़ता है।

जब लड़ना खुद से है , तो जंग दुसरो से कैसी ?

मुक्कमल होगा हर ख्वाब , हर बार खुद से कहना पड़ता है.

कोई साथ दे या न दे , मंज़िलो तक चलना तो है।

फिर भी किसी उम्मीद में हाथ आगे बढ़ाना पड़ता है।

कोई दर्द दे या ख़ुशी , इसका गम नहीं , किसी अपने की ख़ातिर गुनगुनाना पड़ता है।

✻ ✻ ✻

जो आंसू थे वो बह न पाए
दर्द इस दिल का हम सेह न पाए।
क्या थी वो तेरे इश्क़ की इम्तेहा ,
जो तुझे चाह के भी हम चाह न पाए।
न रोक सके तुझे जाने से , यू ही किसी बहाने से।
बढ़ता जो एक कदम तेरी तरफ
दो कदम हम पीछे जा न पाए।
लफ्जो की जगह कभी मेरी आँखे पढ़ी होती ,
हर वो एहसास तू समझ जाता।
जो कभी हम तुझसे कह न पाए।

✤ ✤ ✤

पर्दो में से झांकती , इक रौशनी की तलाश में
सुबह शाम खिड़की पे वो खड़ी रहती।
न जाने किस मोड़ पे ये ज़िन्दगी करवट ले ,
तभी उगते छिपते सूरज को वो देखती रहती।
बारिश के पानी से गीली मिटटी की खुशबू,
इस तरीके से वो खुद को महसूस करती रहती।
हजारो खवाहिशे दिल में कैद है इस कदर ,
तभी हर छोटी बात में वो खुशिया ढूंढती रहती।
पंख नहीं है फिर भी उड़ने की तम्मना लिए ,
हवा के हर झोंके के साथ वो उड़ती रहती।
पूरा होगा हर इक अरमान किसी दिन ,
बस इसी सोच के साथ वो मुस्कुराते हुए
जिन्दगी जीते रहती।

❊ ❊ ❊

हर पल की सुहानी याद
कुछ तेरी कुछ मेरी बात
याद है मुझे।
बचपन की सौगाते,वो गालिया वो बरसाते ,
याद है मुझे।
मेरा रूठना तेरा मनाना , तेरी किसी बात पे गुस्सा हो जाना
याद है मुझे।
खिलखिलाती वो हसीं , वो मेरी, तेरे संग कश्मकश सी
याद है मुझे।
वो मेरी ज़िद पे तेरा झुक जाना ,
तेरा मुझपे यू हक़ जताना ,
याद है मुझे।
हर पल में खुशिया ढूँढना और ,
उन्ही में डूब सा जाना ,
याद है मुझे।

✸ ✸ ✸

सब कुछ खोकर कुछ पाया मैंने ,
सब कुछ लेकर कुछ गवाया मैंने ,
उलझनों से ही जीत मिलती है ,
यही अब तक खुद को सिखाया मैंने।
आँखे गीली हो या न हो , मुस्कुराना पड़ता है।
इसी रौशनी से खुद को सजाया मैंने।
क्या फर्क पड़ता है कोई साथ है या नहीं ,
तभी खुद का साथ निभाया मैंने. .
अपना मरना ही मौत है इस ज़मीं पर ,
इसलिए हमेशा सर उठाया मैंने।

❀ ❀ ❀

जो शख्स जो छूकर मन चला जाये ,
कही न कही रहता जरूर है।
कहता है , लौटकर आने का।
ना जाने किन गलियों में फिर खो सा जाता है।
ढूंढ़ते रहते है ताउम्र हम जिन्हे अपनी ही बातो में ,
सच्चे मन में रहकर वो बहता जरूर है।
तड़पता तो होगा वो,खुद पर गुस्सा भी आता होगा।
यही सोचकर दर्द वो मेरा सेहता जरूर है।
तू ख्याल कर मेरा,देख मेरे खवाब ,
क्या पता मुलाक़ात का कौनसा बहाना मिल जाये।
चुपके से मेरे कानो में आके वो कहता ज़रूर है।

जितनी गहराती हूँ , खुद को खोखला पातीं हूँ।
चलते चलते हर मोड़ पर इक मुश्किल पाती हूँ।
करती हूँ कोशिश जीतने की ,
न जाने फिर क्यों हार सी जाती हूँ।
किसका हाथ थामे और किसको खुद से दूर करे ?
खुद ही समझ नहीं पाती हूँ।
चेहरे अलग़ पर मन एक से हों ,
ये भी कोई जरुरी तो नहीं।
किस पर करू यकीं ?
खुद से कहती रह जाती हूँ।

कहते कहते चुप हो जाना , ये ज़िन्दगी है
किसी को देख शर्माना , ये ज़िन्दगी है।
लबो पे हसी और आँखों में नमी ,
ये दर्द छुपाना ज़िन्दगी है।
मीठे बोल जो कानो में मिश्री घोलें ,
वो गीत गुनगुनाना ज़िन्दगी है।
दुःख सुख तो आना जाना है।,
बस गम को हसीं में उड़ाना ज़िन्दगी है।
आँखों की तन्हाई को जो ठोकर मार दे ,
ऐसे किसी अपने का साथ पाना ज़िंदगी है.
हर फलसफे के बुलबुलो में जो साथ दे,
ऐसा कोई प्यार पाना ज़िन्दगी है।

❋ ❋ ❋

उलझनों को सुलझाते हो,तो तुम ज़िंदा हो
आंसुओ के साथ मुस्कुराते हो,तो तुम ज़िंदा हो।
कहने को हर कोई यहाँ अपना है
अपना साया जो छू जाते हो,तो तुम ज़िंदा हो।
हसती हुई आँखे भी बहुत कुछ कहती हैं ,
पलकों में जो अश्क़ छिपाते हो,तो तुम ज़िंदा हो।
सबके बीच रहके खुद को तन्हा पाना अजीब तो है ,
किसी का हाथ थामे कँपकँपाते हो,तो तुम ज़िंदा हो।
चेहरे का अकेलापन झुर्रियों में नज़र आता है ,
ख़ाली हाथ जो उससे भर जाते हो,तो तुम ज़िंदा हो।
दिल की बेचैनी जुबा तक आती नहीं
बिन बोले जो सब कुछ कह जाते हो,तो तुम ज़िंदा हो।

✤ ✤ ✤

अधूरे पन्ने छोड़के
नया कुछ लिखने को जी नहीं चाहता

कच्चे डोर के किसी रिश्ते को ,
निभाने को जी नहीं चाहता।

बंधकर और बांधकर रहे जो ,
बंधन ऐसा बनांने को जी नहीं चाहता।

अपनी मासूमियत ख़तम कर ,
जीने को जी नहीं चाहता।

बन जाये को कसक जिंदगी की ,
वो नादानियाँ करने को जी नहीं चाहता।

न देख पलट बेबसी मेरी , ये मै नहीं हूँ।
न कर चाहे तू यकीं मेरा , ये मै नहीं हूँ।
जिस शख्सियत को चाहा तूने , वो खो गयी कही ,
न कर इंतज़ार मेरा , ये मै नहीं हूँ।
हमसफ़र बने रहने का वादा जो अधूरा छोड़ा ,
न खा अब कसमें तू मेरी,ये मै नहीं हूँ।
कोशिशे हज़ारो की साथ रहने की ,
न ले अब सहारा तू मेरा। .ये मै नहीं हूँ।

ध्रुवी

तेरे आने से जैसे रोशनी छा गई.
एक पल में यह जिंदगी बदल गई.

इंद्रधनुष के सारे रंग बिखर आए..
आसमान में और तारे नजर आए.

सूरज जैसे और चमका, मानो चंदा और दमका.
रोशनी जैसे जगमगाई.

लगा जैसे रोज ही दिवाली आई..
तेरे नन्हें हाथों का मुझे छूना,

और मेरी उंगली पकड़ना.....

यूं अपनी प्यारी आंखों से मुझे देख कर हंसना,
मुंह फेरना.....

पहले प्यार के एहसास से प्यारा,
तू है मेरा नन्ना तारा.

जब जब तुझे पकड़ा,
लगा पहली बारिश आई...

जैसे सर्दी के कोहरे में,
एक गर्माहट सी आई..

ता-उम्र तो यूं ही मुस्कुराता रहे,
दुआ यही मांगू बस तुम संग मेरे

खिलखिलाता रहे... तेरे आने से जैसे रोशनी छा गई.
एक पल में यह जिंदगी बदल गई.

इंद्रधनुष के सारे रंग बिखर आए..
आसमान में और तारे नजर आए.

सूरज जैसे और चमका, मानो चंदा और दमका.
रोशनी जैसे जगमगाई.

लगा जैसे रोज ही दिवाली आई..
तेरे नन्हें हाथों का मुझे छूना,

और मेरी उंगली पकड़ना.....

यूं अपनी प्यारी आंखों से मुझे देख कर हंसना,
मुंह फेरना.....

पहले प्यार के एहसास से प्यारा,
तू है मेरा नन्ना तारा.

जब जब तुझे पकड़ा,
लगा पहली बारिश आई...

जैसे सर्दी के कोहरे में,
एक गर्माहट सी आई..

ता-उम्र तो यूं ही मुस्कुराता रहे,
दुआ यही मांगू बस तुम संग मेरे खिलखिलाता रहे...

थोड़ा ठहर कि
तुझे इक नज़र देखने जी चाहता है

ज़रा साँसे ले थम कर कि
इनका हक़दार बनने को जी चाहता है।

काश तू मिला होता उस वक़्त
जब मै सिर्फ मै थी ,

आज तो दुनिआ ही अलग सी है ,
कि इनमे सिमटने को जी चाहता है।

हमदर्द बन या हमराज बन पर
बने रहे ज़िन्दगी में तू इस कदर

कि तुझसे हर बात करने को जी चाहता है।

एक बीता हुआ कल... खिलखिलाता सा पल.
बारिश के शोर सा..ओस की बूंदो का जैसे ,
नाचे मन मोर सा |||
एक कांच का दर्पण। .. अपनी परछाई का अर्पण।
अपनों का साथ,रिश्तो की मीठी सौगात।
आँखों में तैरता पानी,वो अनूठा बचपन। ..
वो दादी , नानी की कहानी...
वो स्पर्श कोमल हाथो का। ...
वो अपनापन बातो का
छोटे से बड़े होने की ख़ुशी सी,
कही घूरती नज़र,तो कही। ... आँखे भुझी सी.
सपनो की एक राह,बस उन्हें पूरा करने की चाह।
बंद मुठी रेत्त की... एक दुनिआ नदियों और खेत की.

ध्रुवी बेबी

ना टूटे रिश्ते इसलिए किसी एक का ज़िंदा रहना जरुरी है
तू मेरा हो या ना हो पर , मेरा तुझमे रहना जरुरी है।
न घंटो बीता मेरे साथ ये सफर , लेकिन कुछ लम्हो की बात जरुरी है।
ज़िन्दगी में यू भागकर चलना तो तय नहीं किया था ,
पर हाथो में हाथ लेकर शाम को चलना जरुरी है।
धुप -छांव जैसा रिश्ता है ये तेरा मेरा।
तू कितना ही दूर क्यों न भाग मुझसे , पर
मेरा , तेरे लिए छांव बनके खड़े रहना जरुरी है।
दुनिआ की भीड़ का हिस्सा नहीं बनना मुझे ,
मै जैसी भी हु। मेरा ऐसे तेरे लिए बने रहना जरुरी है।

❀ ❀ ❀

कभी तो वक़्त निकालो कि मुझे भी सुन पाओ
धड़कनो को न सही पर बातो को ही चुन पाओ।
क्यों बाहर भीड़ में ऐसे खोये हो कि मै दिखती ही नहीं ,
कभी तो साथ खड़े होकर रिश्तो को बुन पाओ।
दूरिया तो दरमियाँ बढ़ती ही जायेँगी ,
कभी तो इस एहसास का शोर सुन पाओ।

✤ ✤ ✤

तेरी कहानी कुछ अधूरी सी है ,
संग मेरे शायद पूरी सी है।
सौ रंग बिखरे हो जैसे आसमान में
ऐसी भी एक तस्वीर जरुरी सी है।
बातो की कशमकश आँखों में दिख जाती है
जज़्बातो को बयां न कर पाना भी ,
अपनेआप में एक मजबूरी सी है।

माँ

कुछ ऐसा जो मै खो चुकी थी , शायद वो तू है
कुछ ऐसा जो मै भूल चुकी थी , शायद वो तू है।
खोल बंद मुठी और देख , जिसे मै रोंद चुकी थी ,
शायद वो तू है। .
मेरे पैरों के नीचे जमी धूल , जो मै साथ ले चुकी थी
शायद वो तू हैं।
बंद आँखों से जो सपने देख चुकी थी , शायद वो तू है।
जीने के लिए साँसों का होना है जरुरी ,
जो साँसे मै भर चुकी थी। .शायद वो तू है।
सड़क किनारे चलते दुनिआ देखी मैंने।
अपने अंदर जो देख चुकी थी , शायद वो तू है।
यूँ तो नहीं चाहिए कोई भी ऐसा. .
पर जिसका इंतज़ार मै चुकी थी , शायद वो तू है.

❋ ❋ ❋

तेरी चाहतों के रंग इस कदर बिखरे है
तू हो या ना हो आस पास , फिर भी हम तेरे है।
ताउम्र तेरी साँसों के हक़दार बने रहे हम ,
कुछ इस तरह हम तुझपे मरे है।
ज़िन्दगी तुझसे और भी हसीं हुई दिखती है ,
कि तेरी जुस्तुजू के लिए हमने खुद से
कुछ वादे करे है।

✿ ✿ ✿

उम्मीद कहु या लड़ाई खुद की
संघर्ष कहु या सच्चाई खुद की।
हर सुबह तैरते बुनते सपनो को
साथ लेकर चलना ,
बचपना कहु या गहराई खुद की।
कुरेदते ज़ख्मो को हर बार ढकना
समझ कहु या शिकायत खुद की।
बयां न कर पाना कहानी अपनी।,
नादानी कहु या हरारत खुद की।

❀ ❀ ❀

समझने और समझाने की कोशिशों में ,

क्या खोया-क्या पाया कुछ पता नहीं।

दूर जाने का सोचकर क्या वो मेरे पास आया?

मुझे इसकी कुछ खबर नहीं।

उलझनों के सिलसिलो में क्या वो मुझको

सुलझा पाया ?

इस बात का अंदाज़ा नहीं।

आँखों को पढ़ते हुए क्या वो मेरा मन पढ़ पाया ?

अब तो वो सोच ही नहीं।

पापा

एहसान बहुत से है,कभी भूलूंगी नहीं
बाते बहुत सी है , शायद कहूँगी नहीं।
साया बनके साथ रहे तू हमेशा , बस यही दुआ है
कभी हो तू भूल से भी जुदा , ये मै सहूंगी नहीं।

ख़ुशी बनके तेरे होंटो पे सजू,
कभी आँख का आंसू बनके बहूंगी नहीं। ..

कोई शिकवा , कोई शिकायत नहीं चाहती
हो कुछ मन में तो कहदे मुझसे , क्यूंकि
कल से माँ मै तेरे इस घर में रहूंगी नहीं।

रिश्तो की गहराइयाँ समझना चाहु
तो खुद को तनहा पाती हु।
पहेलियाँ जितना सुलझाना चाहु
उतनी ही मै उलझती सी जाती हु।
क्या ताना -बाना सा है ज़िन्दगी का,
अगर निकलना चाहु तो और फसती जाती हु।

✿ ✿ ✿

कभी जो सोचा न था , आज उसी रास्ते पर खड़ी हु
कभी जो देखा न था , आज वो सुब देखके
वही बेज़ान पड़ी हु।
सपने बुनना जो आदत है मेरी।
हर उस दरवाजे को आज तोड़ खड़ी हु।
बंद मुठी में रेत पकड़ के ,
खुले आसमां के नीचे संवरी हु।

❋ ❋ ❋

उड़ना चाहती हु , हसना चाहती हु।
बिन कुछ बोले कुछ कहना चाहती हु।
जो बेज़ुबान की जुबां समझे , ऐसा एक फ़रिश्ता
चाहती हु।
समुंद्र की गहराइयों को पार कर ,
वो एक किनारा चाहती हु।
लबो पर हसीं और आँखों नमी भर जाये
ऐसा बदलाव चाहती हु. .
कई ऐसी बाते जो कभी ख़त्म न हो ,
वो अनचाही सोच चाहती हु
आँखों के सुर्ख अंधेरो में जो ऊग जाए ,
ऐसी एक नयी सुबह चाहती हु।

मेहफ़ूज़ करके रखा था जिन लम्हो को

आज वो लम्हे हाथो से छूटते से नज़र आये।

कांच की तरह दिखते रिश्ते ,

आज वो सब टूटते से नज़र आये।

उबाल सा उठा मन में न जाने कैसा ?

कि सब मुझे घूरते से नज़र आये.

❀ ❀ ❀

तू तो था मेरा एक हमसाया ,
तुझे पाकर सब मैंने पाया।
आने से तेरी आयी हर ख़ुशी ,
तुझे खोकर सब है गवाया।
तेरे लबो की मै हू हसीं ,
न जो मै कभी दिखू , ऐसी आँखों की नमी।
संग तेरे जीने की चाह ने
अंधेरो में भी हर सपना सजाया।

✹ ✹ ✹

फिर से नए मोड पे खड़ी हु
ख़ुशी जो ले चुकी थी , शायद वो तू है।
अपना ही चेहरा खुरदुरा सा लगता है.
जो अपनेपन का एहसास पा चुकी थी ,
शायद वो तू है।
डरती हु दुनिआ की भीड़ से आज भी।
जिसे ढूंढ चुकी थी , शायद वो तू है।
कपकपाते है यू तो लब कई दफ़ा।
जो नाम मई ले चुकी थी , शायद वो तू है।
अब तम्मनाओ में जीने का गम नहीं।
जो उम्र जी चुकी थी , शायद वो तू है।

✵ ✵ ✵

कश्मकश सी है ये ज़िन्दगी , कोई जाये कहाँ
ये समझा ही नहीं।
बेचैनी सी उमड़ती हुई।
संग बिताये पल हमने कभी।
संग चलु या तेरे अंग चलु ,
साथ तेरे जीने को मै मरू।
पास आऊं या छोड़ दू ?
न समझ पाऊ की क्या करू.

❀ ❀ ❀

उधेड़बुन की गलियों में चलते हुए,
कहीं धुआँ उड़ता नज़र आया।
जाके चाहा पकड़ना तो वो,
बिखरता सा नज़र आया।
सोचा छुलु इसके एहसास को ही,
वही शख्स उसमे घूमता सा नज़र आया।
उसके चेहरे को जो महसूस करना चाहा,
वही हाथ मुझे छूता सा नज़र आया।
बंद जो करना चाहा मुठ्ठी में उसे।
वही, फिर से हवा सा होता नज़र आया।

ठंडी हवाओ में ओस की बूंदो पर ,
चले जा रहे थे हम तो यू ही। .
कि , अचानक पास की पगडंडी पर
नज़र चली गयी।
सोचा,एक पल शायद वहम हो मेरा
 पर ये तो मेरी ही परछाई , मेरा साथ छोड़े जा रही थी।
टेढ़े -मेढ़े रास्तो पे चलने को यू तो मजबूर न थे हम
पर ये गालियाँ ही , मेरा रास्ता मोढ़े जा रही थी।

❀ ❀ ❀

खुली बाहों से नीले आसमान के नीचे ,
जिंदगी जीने की खुमारी है।
हर वो रिश्ता मेरे साथ चले ,
जिसमे बसती जान हमारी है।
पाकर ठुकराना और ठुकराकर पाना नहीं चाहती कुछ ,
सुख-दुःख की छांव में मैंने ये दुनिआ सँवारी है।
अपने हर   क़दम की आहट पे यकीं रखो ,
सामने वाला चाहे या न चाहे , हर जंग फिर तुम्हारी है।

❀ ❀ ❀

रात का सन्नाटा कुछ कह गया ,
वो बिछड़ा साथी कही पीछे ही रह गया।
ढूंढ़ते रहे हम जिसे अपनी परछाई में ,
जाते -जाते मेरा हर रंग उसके साथ बह गया।
खुशिया देके अपने हिस्से की हज़ारो ,
दर्द वो सारे खुद ही सह गया।
मलाल नहीं उसका यू साथ न रहने का ,
पकड़कर हाथ मेरा जो मुझे अजनबी सा कह गया।

❀ ❀ ❀

तेरे पहले एहसास के साथ जी लूंगी । तेरे रंगो में खोकर जी लूंगी।

तू अगर जुदा न करे अपनी यादो से

उनका मै कफ़न ओढ़कर जी लूंगी।

तेरे हर ख़्वाब में जी लूंगी ,

तेरी राह में जी लूंगी।

अकेले चलने पर जो तेरा साया भी नज़र आया ,

उसका हाथ थामे मै जी लूंगी।

 तेरे आंसुओं में जी लूंगी , तेरी हसी में जी लूंगी

तुझे याद कर जो मुझे रोना आया , तो उस ग़म में जी लूंगी।

तेरी तम्मना में जी लूंगी , तेरी ख़्वाहिश में लूंगी।

तेरे हर सपने को अपना समझ , उस सपने में जी लूंगी।

तेरे इकरार में जी लूंगी , तेरे इनकार में जी लूंगी।

समझ बेबसी तेरी , तेरी हर हार में जी लूंगी।

❀ ❀ ❀

बहती ज़िन्दगी की धारा में , हलचल पानी की अच्छी लगी।

अपनी ही नज़रो की दरकिनारो में , बढ़ती उम्र भी कच्ची लगी।

पढ़ती जब उगती किरणे धरती पर , आसमान और समुन्द्र की
दोस्ती भी सच्ची लगी।

हर पल बदलाव , हर मोड़ एक नया दौर ,

कहीं न कहीं ये बाते भी अपनी सी लगी।

प्यासी रही ताउम्र ये आँखे हमारी ,

आज ये रौशनी भी धुंदली सी लगी।

❀ ❀ ❀

आस्था अरोरा | 46

रंजिशे ही सही , दिल दुखाने के लिए आ।
पास न सही दूर जाने के लिए ही आ।
पलके यूँ बिछाये बैठे है तेरे इंतज़ार में ,
मेरा कोई वहम ही सही , इन पलकों
को उठाने के लिए आ।
क्या हालात हैं , क्या जाने तू।
कसम खाके , क़सम तोड़ जाने के लिए आ।
झूठे वादे क्या करें। जब सच्चे वादे निभाए हमने।
यकीं न हो तो ख़ुद को आज़माने के लिए आ।

❀ ❀ ❀

रानी

मुद्दते हो गई, फ़साने बीत गए
तुझसे मिलने के हर बहाने बीत गए।
कमबख्त क्या करे इस दिल का,
जिसे धड़के हुए ज़माने बीत गए।
न तू आया न तेरी कोई ख़बर आयी,
अधूरे वो किस्से कहानियां बीत गए।
नज़रे जो टिकी रही पहरों तक राहों में,
तुझे ढूंढ़ने के हर वो नज़राने बीत गए।

✤ ✤ ✤

दूरिया कब मजबूरिय‌ा बन जाती हैं
न चाहते हुए भी रिश्तों में गाँठ पड़ जाती है।
ताउम्र सुलझाते रहते हैं उलझनों को ,
फिर भी वो डोर नज़र नहीं आती है।
अनदेखे अनचाहे चेहरों से बंधन बंध जाता है ,
जो अपना होता है वो कही पीछे छूठ जाता है।
हम खो से जाते है कही सब लोगों में ,
और कोई भी हमे पहचान नहीं पाता है।

✦ ✦ ✦

कभी कभी चुभने वाला ये अकेलपन यू न खाता ,
जो तू साथ हसता -रुलाता।
रातो को ऐसे अकेले बैठना अच्छा नहीं लगा ,
पर तुझे गहरी नींद में देख सुकून सा आता।
माना की कुछ ज़िद्दी मै भी हु ,
पर ऐसे में तू कुछ तो रूठता मनाता।
आसमां में चाँद देखना चाहा ,
पर तू साथ हो ऐसा कोई समय तो बिताता।
न ढूंढ़ने पड़ते बहाने काश तुझसे दो बाते करने को ,
 पर कोई तो किसी एक की गलती बताता।

❀ ❀ ❀

कुछ गलतियां बनातीं हैं हमे
तो कुछ बिगाड़ती है हमें
कुछ गलतियों से हम सीखते हैं
तो कुछ चलके सिखाती हैं हमें।
भटकता तो इंसान ही है
तभी रास्तो पर चलते हुए ,
मंज़िल की राह बताती है हमें।

✤ ✤ ✤

तुझसे आशियाँ, तुझसे रोशनी
तुझसे दिल की दिल्लगी है।
तुझसे ये ज़मी, तुझसे आसमां
तू ही तो मेरी बंदगी है।
तुझसे है प्यार, तुझी से है चाहत
तू ही तो मेरी हर ख़ुशी है

✾ ✾ ✾

www.ingramcontent.com/pod-product-compliance
Lightning Source LLC
Chambersburg PA
CBHW060747100426
42813CB00004B/731